Die LYRIKEDITION 2000 wird herausgegeben von
Heinz Ludwig Arnold

Das Buch

Anfang der 70er Jahre begann Wolfgang Bittner Gedichte zu schreiben, in denen er sich mit seinen Erfahrungen bei Kriegsende und in der Nachkriegszeit auseinandersetzte. Zu einem Band zusammengefasst, erschien ein Teil dieser Texte dann 1980 als »Nachkriegsgedichte« in René Bölls Lamuv Verlag in Bornheim-Merten. Der Autor reiht sich damit in eine gute und überzeugende Tradition ein, kritisch zu den zeitgeschichtlichen Ereignissen Deutschlands in lyrischer Form Stellung zu beziehen. Dabei gelingt es ihm, sein Anliegen in knappen Worten und treffsicheren Bildern von oft bestürzender Eindringlichkeit poetisch überzeugend zu gestalten: staunend über die Trivialität des Inhumanen. »Hoffnung gewinnt Bittner nicht aus der Realität, die er als eine Anhäufung von Fakten interpretiert, mit denen es sich kaum leben lässt, sondern aus dem Vorgang seines schreibenden Nachdenkens. Das Gedicht ist die Form der Selbstverwirklichung, gleichzeitig auch Überlebensstrategie« (die horen).

Der Autor

Wolfgang Bittner, geboren 1941 in Gleiwitz, lebt als freier Schriftsteller in Köln. Er studierte Jura, Soziologie und Philosophie und promovierte 1972 zum Dr. jur. Bis 1974 ging er verschiedenen Tätigkeiten nach, u.a. als Fürsorgeangestellter, Verwaltungsbeamter und Rechtsanwalt. Ausgedehnte Reisen führten ihn nach Vorderasien, Mexiko und Kanada. Er ist Mitglied im Verband deutscher Schriftsteller und im PEN, erhielt mehrere Literaturpreise und hat über 30 Bücher für Erwachsene, Jugendliche und Kinder geschrieben, darunter die Romane »Niemandsland«, »Die Lachsfischer vom Yukon«, »Narrengold« und »Marmelsteins Verwandlung« sowie das Sachbuch »Beruf: Schriftsteller«.

Wolfgang Bittner

Vom langen Warten auf den neuen Tag

Mit Radierungen von Heinz Stangl

Gedichte

LYRIKEDITION 2000

Dieses Buch erschien erstmals 1980 im Lamuv Verlag unter dem Titel
»Nachkriegsgedichte«.

Die LYRIKEDITION 2000 ist ein BoD™ Verlag der Buch & medi@
GmbH, München. Dieser Verlag publiziert ausschließlich Books on
Demand in Zusammenarbeit mit der Books on Demand GmbH,
Norderstedt, und dem Hamburger Buchgrossisten Libri. Die Bücher
werden elektronisch gespeichert und auf Bestellung gedruckt, deshalb
sind sie nie vergriffen. Books on Demand sind über den klassischen
Buchhandel und Internet-Buchhandlungen zu beziehen.

Weitere Informationen über den Verlag und sein Programm unter:
www.lyrikedition-2000.de

September 2001
LYRIKEDITION 2000
Ein BoD™ Verlag der Buch & medi@ GmbH, München
© 2001 Wolfgang Bittner
Umschlaggestaltung: Bauer+Möhring, Berlin
Herstellung: Books on Demand, Norderstedt
Printed in Germany · ISBN 3-935877-04-8

»Ich suchte unter diesem Volke nichts mehr,
ich war genug gekränkt ... Aber der
himmlische Frühling hielt mich auf ...«

Friedrich Hölderlin

I Als der Krieg zu Ende war

Nach dem Krieg

Als der Krieg zu Ende war,
sahen die Leute anders aus,
mein Vater ging an Krücken
und Mutter stand in der Hinterküche
des Siedlungshauses, in dem wir
zwei Dachzimmer bewohnten,
und wusch Wäsche.
Zweimal täglich gab es Prügel
(vom Vater und von den Nachbarskindern),
mittags Erbswurstsuppe,
ausgekochte Kartoffelschalen,
manchmal Knochenbrühe, die ich
in einem Kochtopf vom Schlachter holte.
Vor der Tür riefen die Einheimischen
»Rucksackgesindel«,
denn mit einem Rucksack waren wir
auf dem Dach eines Zuges davongekommen,
bis ich den Keuchhusten überstanden hatte,
vergingen Monate.
Alles war jetzt anders.
Daß wir den Krieg verloren hatten,
konnte mein Vater nicht verstehen,
die Krücken neben sich,
saß er in der Küche auf der Bank,
hörte Radio oder versuchte
etwas Bahnbrechendes zu erfinden.
Manchmal bastelte er:
ein Auto, einen Flitzebogen, eine Zwille,
einmal einen ganzen Bauernhof
aus Sperrholz;
manchmal erzählte er:
von früher, von seinen Ferien beim Onkel,
der Uhrmacher war,
von Wanderfahrten

oder von seinen Eltern,
meinen Großeltern,
die ich nicht mehr kannte.
Wenn Besuch kam,
ging es um Stoßtrupps und
Fronteinsätze in Rußland und Frankreich,
auch um die Gefangenschaft
oder die Heimat.
Montags humpelte er zum Arbeitsamt,
mittwochs zur Nachbehandlung,
sonnabends tippte er im Toto nach System,
das war die große Hoffnung.
Von KZs hatte er nie gehört,
sagte er,
war alles in Ordnung,
was Adolf erzählte,
der größte Feldherr aller Zeiten,
dessen Andenken
Amis, Tommies und andere Kanaken,
sagte er,
jetzt in den Dreck zogen.
Nichtmal offen seine Meinung
durfte man sagen,
soweit war es mit uns plötzlich gekommen.
Dann klagte der Hausbesitzer uns raus
und wir zogen ins Barackenlager
am Stadtrand,
wo wir zehn Jahre wohnen blieben,
bis die Hochkonjunktur
auch für uns etwas abwarf.
Das waren eine größere Wohnung,
ein Fernsehapparat,
später noch Kühlschrank und Auto.

Im Lager

Der alte Meissner hängte sich
einfach auf,
wir fanden ihn beim Spielen
im Baum hinter dem Transformatorenhaus;
und der Franz Ogasa vergiftete sich,
als herauskam,
daß er KZ-Wärter war.
Der »Major« marschierte im Eilmarschtempo
in die Stadt und zurück,
bis er einen Schlaganfall bekam
(wir ernteten dann seinen Schnittlauch);
und der »Franzose« legte seinen Kopf
in den Gasherd,
weil ihm die Rente abgelehnt wurde.
Die Kohlen holten wir säckeweise
auf einem geliehenen Fahrrad
im Winter 46/47, der so streng war,
daß die Wasserrohre platzten und
ein Bauer uns erlaubte,
für zwei Mark Strohsäcke zu stopfen.
Später bekamen wir sogar
einen Acker und pflanzten Kartoffeln,
das war die Zeit,
als der Sohn vom Kaschel
nach Kanada auswanderte,
der Ristow mit seiner Familie,
zwei Ziegen und einer Kuh
nach Australien.
Dann hörte ich,
daß die Tochter vom Zielinski
als Nutte auf Sankt Pauli sei,
Willi Beckmann ging,
kurz nachdem er mir den Drachen gebaut hatte,
zurück in die Zone,

und im heißen Sommer 47
ertrank Walter Kotherba
beim Baden im Feuerlöschteich.
Als Freddy ihn hochstemmte,
er war gerade aus dem Knast zurück,
sah ich zum erstenmal
bewußt einen Toten,
dieses grüne verzerrte Gesicht,
und hatte für lange Zeit
Angst vor dem Sterben.

KRIEGSSPIEL

Josef Sobotta hatte die Beine verloren,
als er beim Kohlensammeln
unter eine Rangierlok geriet,
und Hans Kasunke
einen Arm beim Schrottsammeln
durch die Explosion einer Handgranate.
Bruno Reichelt wackelte immer mit dem Kopf
und redete wirres Zeug,
weil er nach dem Angriff auf Dresden
zwei Tage verschüttet gewesen war;
später stellte er dann kleinen Mädchen nach
und mußte eingeliefert werden,
während Josef
eine Stelle in der Verwaltung bekam
und Hans Hausmeister wurde.
Aber damals,
wenn wir mit unseren Karabinern,
Seitengewehren und Gasmasken,
die wir aus dem Löschteich gefischt hatten,
Krieg spielten,
stand jeder voll seinen Mann.

KATZENEIER

Eines Abends stand der Onkel in der Tür,
das war noch vor der Währungsreform,
wie ein Weihnachtsmann
mit einem ganzen Koffer
voller Fressalien,
und ich erfuhr,
was Schokolade ist.
Dann gab es in der Schule manchmal
Milchsuppe oder Rosinenbrötchen
oder einen Riegel Feigenbrot,
das nannten wir: Katzeneier;
und die Frau im Milchgeschäft
gab mir einmal Pfefferminzbonbons,
weil mir jedesmal
beim Anstehen schlecht wurde.
Mutter lag lange Zeit im Bett
wegen einer Fehlgeburt,
so daß sie nicht ins Gefängnis brauchte
wegen Diebstahls von Tannenzapfen
und Anmachholz,
wofür uns der Förster schon
fast verprügelt hatte.
Als Vater auf der Straße
eine Lebensmittelkarte fand,
wurde lange beraten,
ob wir sie zurückgeben sollten;
aber sie gehörte einem Beamten,
einem dieser kleinen Götter,
die ihr Schäfchen im Trockenen hatten,
und uns knurrte der Magen,
eigentlich noch jahrelang
nach der Währungsreform,
bis ich endlich auf eigenen Füßen stand.

Panzerketten noch immer

Die Fenster vernagelt, die Türen
verbarrikadiert,
ein fernes Grollen kommt näher,
Artillerie, heißt es,
auf der Straße knattern Schüsse,
das Rasseln von Panzerketten
bis in den Keller,
Wände beben, zittern,
es riecht nach Kartoffeln.
Das Schloß zum Hoftor wird
aufgeschossen,
Rufe in einer fremden Sprache
und Kolbenstöße an der Kellertür,
auf dem Hof Schreie,
im Hinterhaus schreien Frauen,
die Großmutter löscht das Licht.

FALLÄPFEL

Neben dem Weg zum Bauernhof
der Obstgarten,
die Bäume gebeugt unter den Früchten,
das Gras übersät mit Falläpfeln,
hungrig klopften wir an die Haustür.

Es war um die Mittagszeit
in einem deutschen Herbst
und zum Verzweifeln.
»Der Bauer schläft noch«,
sagte die Magd.

Später kam er heraus zum Mistfahren,
drohte uns mit der Faust,
dann mit der Mistgabel
und schrie:
»Verdammtes Rucksackgesindel!
Macht, daß ihr fortkommt,
sonst lass' ich die Hunde los!«

LIEBESGABEN

Die Päckchen kamen aus Gleiwitz
von der Großmutter,
die dort geblieben war,
um auf den Großvater zu warten,
der niemals zurückkam.
Sie schickte in Schweinsleder
gebundene Bücher, alte Fotos
und einen Füller mit goldener Feder.

Aus Gleiwitz, das lag werweißwo,
am anderen Ende der Welt,
auf einem anderen Stern jedenfalls
hinter dem Eisernen Vorhang.
Bei den Kommunisten.

Und wenn die uns überfielen,
um kleine Kinder zu schlachten,
zu befehlen: »Frau komm mit!«,
dann würde auch der Vater,
der die schon kannte,
die in Rußland bekämpft hatte,
wieder zur Waffe greifen,
obwohl er noch an Krücken ging.

Betteln verboten

Am Heiligen Abend 1945
ging der Großvater
mit einer Flasche
von Haus zu Haus:
»Etwas Milch, bitte.«
Die Tochter hatte entbunden.

»Keine Milch«, sagte die Bäuerin,
»Haben wir nicht«, der Bauer.
»Betteln verboten«, übrigens.
»Und das zu Weihnachten!«
»Unsere Milch brauchen wir selber.«
»Da kann ja jeder kommen!«

»Was wollen die?«
»Was wollen die hier bei uns?«
»Die sollen doch bleiben, wo der Pfeffer wächst.«
»Packzeug!«
»Noch dazu am Heiligen Abend.«

II Da ging es uns besser

Wo alles beim alten blieb

Der Krieg war vorbei.
Wir krochen aus dem Keller,
packten Rucksäcke voll
und flüchteten vor dem Sieger.
An den Straßenbäumen hingen
bärtige Landser
mit Schildern vor der Brust:
ICH HABE DEN FÜHRER VERRATEN.
Auf dieser Spur
kamen wir in die neue Heimat,
wo alles beim alten war.
Die Leichen wurden weggeräumt,
manche schnell noch ordnungsgemäß
begraben,
der Schutt wurde beseitigt,
die alten Lager aufgelöst,
neue Lager eingerichtet,
und neue Juden fanden sich auch.
Der Ortsgruppenleiter bekam
seine Chance
als Bauunternehmer und Stadtrat,
wer etwas dazugelernt hatte,
war ein Nestbeschmutzer.

Beginn einer neuen Epoche

Im Jahre 1902
sei der Kaiser dagewesen,
erzählten die Einheimischen,
er habe eine Eiche gepflanzt
und gut zu Mittag gegessen,
worauf sich das Hotel BREMER SCHLÜSSEL
in Hotel DEUTSCHER KAISER
umbenannte.
Als wir für eine Woche
dort unterkamen,
weil Vater noch im Lazarett lag
und bis uns vom Wohnungsamt
ein Zimmer zugewiesen war,
gab es schon lange keinen Kaiser mehr.
Das Hotel hieß wieder BREMER SCHLÜSSEL,
nachdem es acht Jahre lang
Hotel ADOLF HITLER geheißen hatte,
die Kaisereiche
war gerade verheizt worden,
und meine Eltern
zeugten ihr zweites Kind.

LOHN UND ARBEIT

Den Geschäftsleuten ging es
von Jahr zu Jahr besser.
Der Lebensmittelhändler baute aus,
der Schlachter kaufte ein neues Haus,
das Gemüsegeschäft vergrößerte sich
und unser Hauswirt erhöhte die Miete.
Während meine Schwester
wegen Unterernährung in die Schweiz
verschickt wurde,
arbeitete ich in der Wäscherei.
Die großen Ferien
dauerten sechs Wochen und
die erste Rate
für das Fahrrad mit Gangschaltung
betrug vierzig Mark.
Dafür schleppte ich von morgens
bis abends Wäschekörbe oder
stand bei 30 Grad im Schatten
an der Heißmangel.
Als meine Schwester zurückkam,
sprach sie fließend
Schwyzerdütsch,
trug derbe aber praktische Kleidung
und hatte zwölf Pfund zugenommen.
Die hatte ich abgenommen,
aber zum Verschicken
war ich schon zu alt.

RATENZAHLUNG

In den Herbstferien ging es
zum Bauern erbsenpflücken
für drei Mark den Zentner
(ich schaffte einen am Tag);
danach sammelte ich Schrott:
Eisenteile,
alte und neue Dachrinnen,
Kupferdrähte und Aluminiumtöpfe.
Besonders viel brachten
die Patronenhülsen vom Schießstand,
bis der Schützenverein
Anzeige erstattete und
Walter Guse von der Polizei
geholt wurde.
Als die neue Rate
für das Fahrrad fällig war,
mußte ich meine Nullacht,
das Eiserne Kreuz
und die Nahkampfspange
meines Vaters verkaufen.

Da ging es uns besser

Heute mußte ich wieder daran denken,
wie mein Vater eines Nachts
mit zerrissener Hose,
einem Hundebiß im Bein
und ohne die Äpfel nach Hause kam,
die er hatte klauen wollen
bei dem Bauern,
der Mutter und mich tags zuvor
mit der Mistgabel vom Hof gejagt hatte,
weil wir nach Falläpfeln fragten,
wir litten Hunger.

Als es uns besser zu gehen begann,
hatte Vater Arbeit
und Mutter war wieder gesund.
Da bekam der Graf von und zu Knyphausen
seinen Schaden ersetzt,
der ihm durch Holzeinschlag
der Amerikaner entstanden war,
und wir bekamen auch
ein paar hundert Mark Lastenausgleich
für den Verlust von Vermögen
und Heimat,
das hieß bei uns
immer nur ZUHAUSE.
Da war alles ganz anders,
viel besser,
hundertprozentig, sagten meine Eltern;

in der Heimat,
wo mein Großvater Heinrich Morawietz
in Gleiwitz/Oberschlesien,
Barbarastraße 38,
Gastwirt war,
bis er eines Tages im Februar 45
für vermißt erklärt wurde.

Erinnerung

Kopfsteingepflasterte Straßen,
Kirche und Marktplatz,
Backsteinhäuser.
Im Norden das flache Land
bis zur See. Der Fluß, Tief genannt
und aus dem Moor kommend,
zog sich in weitem Bogen
um die Stadt.
Die Landstraße führte mitten hindurch.
In der Nase den bitteren Geruch
von Torffeuer und Armut.

Ausbau eines Weges

Jahre später an dem Ort
wo ich aufgewachsen bin
sitze ich im Wagen
die Kastanienbäume
sind schon lange gefällt
alles ist übersichtlich jetzt
und eingeebnet nur noch
eine breite Hauptverkehrsstraße
mit vielen weißen Linien
und Pfeilen an einer Abzweigung
die führt wer weiß wohin
die Scheibenwischer
fangen an zu quietschen
ein paar Autos ordnen sich ein
der Stadtrand
liegt bedrohlich nahe
kein Schlehdorn mehr
kein Teich das Rübenfeld glänzt
wie Asphalt

Am Meer

Links die grüne Ebene der Marsch
bis zum Horizont und
rot in Bauminseln die Bauernhöfe;
gleich rechts der aufragende Deich,
dahinter Polder, Quellerwiesen,
Schlick, das Wattenmeer.
Die gewölbte Klinkerstraße,
gesäumt von windschiefen Bäumen,
weit voraus ein paar Ziegeldächer,
eine Granatdarre,
die Masten der Schiffe.

So war das früher.
Am Siel saßen
schwarzgekleidete Fischer,
ihre Boote im Hafen,
Poller, Fender, Takelage,
Netze aufgespannt zum Trocknen,
Körbe voll Schellfisch, Schollen,
Krabben, Aale selbstgeräuchert,
bucklig die Häuser,
verwinkelt gegen den Wind.

Alles anders heute,
betoniert, geschniegelt,
unbescheiden;
die Kellnerin knallt dreist
Teetassen auf den Tisch,
raffgierig demonstriert sie Eile.
Durch die Sprossenfenster
dringt Kulisse: Grelle Jacken,
geschminkte Ausflugsdampfer,

Hotelfassaden beflaggt.
Überall Touristenopfer,
die Möwen, hungrig wie eh und je,
kreischen quer durchs Foto.

III Bewältigen

ENTWICKLUNG

Offen stehen die Türen der einfachen Leute,
die ihrer Aufseher sind verriegelt
und auch die Werkstore,
denn es könnte jemand stehlen oder
hetzen gegen die Vorsteher.

Unter den Brücken zu schlafen
ist nicht verboten,
zu lieben nicht
und schreiben kann ich
was ich will,
solange das nichts ändert.

Aber jeder Tag bringt neue Meldungen,
neue Vorkehrungen
gegen Aufstände und Terrorismus,
neue Gesetze,
mit Scharfschützen besetzte Sandsackbarrieren.

Erfaßt und beargwöhnt,
sehen wir der Entwicklung
entgegen.
Unsere Türen stehen offen wie immer,
glücklich klingt
das Lachen der Kinder.

KOLLEKTIVSCHULD

Wir haben es nicht gewußt,
Keiner hat es gewußt,
Keiner hat es wissen wollen,
Keiner wollte es wissen.
Selbst wer es hätte wissen können,
Hat es nicht wissen wollen,
Selbst wer es wissen konnte,
Wollte es nicht wissen.

So ist das gewesen,
Was hätten wir denn tun können,
Wenn wir nichts wußten?
Wir haben uns nichts vorzuwerfen,
Wir brauchen uns nichts vorwerfen lassen,
Wir lassen uns auch nichts vorwerfen!
Einmal muß Schluß sein damit!
Damit haben wir nichts zu tun gehabt.
Damit haben wir nichts zu tun.

Wir haben es nicht getan,
Andere haben es getan,
Aber keiner hat es gewußt.
Nur die es getan haben,
Wußten etwas davon,
Aber sie wußten nicht was sie taten,
Sie taten es,
Sie taten es auf Befehl,
Was einem befohlen wird muß getan werden.

Wir sind unschuldig,
Uns kann keiner in den Schmutz ziehen,
Wir haben es nicht getan,
Und wir hätten es auch nicht getan,

Wir haben es nicht einmal gewußt,
Niemand kann sagen wir hätten es gewußt,
Wir haben es selbstverständlich auch nicht gewollt,
Niemand kann sagen wir hätten es gewollt.

Keiner hat es gewollt,
Und keiner hat es gewußt,
Manche haben es zwar geahnt,
Aber gewußt hat es in Wirklichkeit keiner,
Alle haben es nicht gewußt,
Alle haben es nicht gewollt,
Wer etwas hätte wissen können,
Hätte es auch nicht gewollt,
Wenn er etwas gewußt hätte,
Uns kann keiner etwas wollen.

Befreiung

Bloß weil wir den Krieg
verloren hatten,
durften die andern,
bloß weil sie den Krieg
gewonnen hatten,
wir nicht.
Deutschland ein Kartoffelacker,
Bollwerk gegen
die gelbe Gefahr,
entwaffnet bis an die Zähne,
der Führer tot,
unsere Raketenspezialisten,
die Autobahnen,
zählt das etwa nicht?
Und dann diese Bagage,
alles verraten,

und diese schönen Uniformen,
Stechschritt
und Amtsbezeichnungen,
die Achtung zum Teufel,
unehrenhaft, besudelt,
aus dem Ausland noch geifernd,
alles schlechtgemacht,
KZ-Lüge und so
die Wende nur mühsam
unter Aufbietung aller Kräfte.
Ja, wenn wir den Krieg
gewonnen hätten
wie geplant
vom Atlantik bis zum Ural!
Wir,
im Herzen
mit deutscher Gründlichkeit.

Bewältigen

Ich war Hitler,
Du warst Hitler,
Ihr wart Hitler,
Wir waren Hitler.
Hitler war da,
Er ist Hitler gewesen,
Hitler gibt es immer noch,
Er ist Hitler.
Alle sind Hitler gewesen,
Wer nicht Hitler war,
War weg,
Wer nicht Hitler war,
Wurde weggebracht.
Hitler der Führer,
Hitler der Feldherr,
Hitler der Größte,
Hitler der Hundefreund,
Hitler eine Karriere,
Heil Hitler!
Das war Hitler,
Unser Hitler,
Alle waren Hitler,
Ein paar sind immer noch
Hitler,
Viele sind schon wieder
Hitler.

Spiele

Gladiatorenkämpfe und Korn,
Wagenrennen und Brot,
Beckenbauer.
Wer hat gewonnen?
Aufsteiger oder Absteiger,
Hannover sechsundneunzig,
Schalke nullvier,
Bayern-München,
Strauß und Dregger,
Bier.
Bundesliga,
unsere Jungs in Mogadischu,
leg ihn doch um, das Schwein,
uns' Uwe
wird das schon machen.

MANÖVERFRÜHLING

Wenn der Frühling kommt,
ziehen die Soldaten ins Manöver
und die Panzer
schießen ins Kraut.
Ganze Kompanien graben sich ein,
jeder Soldat schaufelt sich ein Loch,
ein kleines Grab.
Dann kommen Schwärme von Panzern,
fahren über die Löcher,
drehen kettenrasselnd auf der Stelle,
bis nur noch
ein blutiger Brei übrig bleibt.
Wer wegläuft,
wird standrechtlich erschossen oder
an einem Telegrafenmast aufgehängt.
Aber wenn das Manöver aus ist,
gehen die Soldaten
wieder in die Kaserne.

Nach dem Manöver

Traumhaft das Schießen
mit Maschinengewehr
und Panzerfaust,
sagt er,
die Ziele kaum zu verfehlen:
Hauskulissen und Pappkameraden.
Dazu unverzollt
Zigaretten und Schnaps,
sagt er,
in der Hosentasche
eine Übungshandgranate.
Blöd nur der Gestank nach den Abschüssen,
sagt er,
und nachts das feuchte Stroh.

VERGLEICHSWEISE

Diese Banausen,
sagt mein Vater,
guck sie dir an:
ungekämmt und
die Fingernägel
nicht gereinigt.
Er berichtet von früher.

Und ich denke:
Hitler nämlich
war ordentlich gekämmt
und hatte
saubere Fingernägel.

PAUSCHALREISE

Kathedrale, Museum,
Märkte,
so billig
die Souvenirs,
Hotelzimmer mit Bad,
Kalt- und Warmwasser,
das Essen ganz gut,
das Wetter richtig,
hübsche Mädchen
am Strand,
abends
einen in den Hacken,
das Fernsehen
leider ausländisch.

Letzte Erfolgsmeldungen

Jedem sein eigener Lehrer,
Jeder Frau mehrere Verehrer,
Jedem Mann mindestens zwei
Geliebte und mindestens drei
Orgasmen täglich
Und außerdem unsäglich
Viele Erfolgserlebnisse
Und noch tausenderlei Genüsse.
Dabei wenig Arbeit,
Sechs Tage in der Woche Freizeit,
Und jedem sein Psychotherapeut,
Der ihn allein betreut,
Möglichst einen Butler dazu,
Viel Vergnügen und Ruh.
Und so geht's weiter
Auf der Erfolgsstufenleiter.

Wie zur Versöhnung

Die verzerrte Stimme
aus der Gegensprechanlage,
gebohnert der Treppenflur,
oben die rasselnde Sicherheitskette,
Umarmungen.
Nach mir wird doppelt abgeschlossen,
verriegelt, die Kette vorgehängt,
der Fernseher läuft:
XY-Zimmermann fahndet ohne Ton.
Soviel Vertrautes,
Bilder, die Möbel, Worte,
etwas wie Nestwärme.
»Wie war die Fahrt?«
»Du hast sicher Hunger.«
Eine Fertigsuppe mit
echt gefriergetrockneten Kartoffeln.
Danach die Einschätzung
der politischen Lage,
es ist alles nicht mehr so
wie früher.
Zwei Flaschen Bier,
ein paar Schnäpse,
ja, unsere GSG 9,
die würde in Teheran aufräumen,
ja, diese Politiker,
was soll man denn machen?
Natürlich müssen wir rüsten,
guck dir Afghanistan an,
und Kommunisten im Schuldienst,
das wäre ja noch schöner.
Wortwechsel, Schweigen,
am nächsten Morgen dann
die frischen Brötchen
wie zur Versöhnung.

IV GRENZVERLAUF

GRENZVERLAUF

Auf, sucht
nach Untertönen in den
offenen Mündern,
nach Wahrheit
in den Augen derer,
die euch lehren,
analysiert
das Schweigen der
verschlossenen Fäuste,
lernt die Gesetze
eurer Väter und
der Kinder,
was uns bleibt,
sind die Untertöne und
die Wahrheit,
was wir wollen,
übersteigt die Grenzen
unseres Wissens.

MEINE FREIHEIT ZU PROTESTIEREN

1.
Die neuen Herren
wollen keine Duckmäuser,
sondern mündige Bürger,
sagen ihre Sprachrohre,
die wir kennen.
Aber die neuen Herren
kennt nur,
wer sich auskennt,
die Geldgeber,
Drahtzieher,
Meinungsmacher,
Befürworter eines
harmonischen Pluralismus,
die ihre Marionetten
tanzen lassen.

2.
Wer an der Rüstung
verdient,
ist gegen Abrüstung
und Entspannung;
wer durch die Dummheit
anderer profitiert,
ist für die Dummheit
der anderen,
auch wenn er sich
pro forma
für mehr Menschlichkeit
ausspricht,
gemeint sind
sowieso nur die anderen.

3.
Die Polizei
soll mit Maschinengewehren
und Handgranaten
bewaffnet werden;
gerade erprobt man
den Einsatz
von Schallwellen
gegen Demonstranten;
auf Cuba
starben eines Tages
sämtliche Schweine an
einer mysteriösen Seuche,
das stand
in kaum einer Zeitung.

4.
Ich darf alles sagen,
bis das Maß voll ist,
alles veröffentlichen,
was Zensoren zulassen,
protestieren,
solange mir Atem bleibt.
Man registriert,
man toleriert,
man duldet.
Auch Nestbeschmutzer
werden nicht sofort
ausgeschaltet.

5.
Irgendwo sammelt
irgendeine Dienststelle
Nachrichten,
stellt Vermutungen an.
Maßnahmen
werden abgewogen,
sind angemessen:
Vorladungen,
Haussuchungen,
Berufsverbot,
Bespitzelung,
Isolation,
alles selbstverständlich
völlig legal.
Ich kann abwägen,
solange mir Atem bleibt.

LANDFRIEDEN

1
Der Sprecher einer Bürgerinitiative
erhält zwei Jahre Freiheitsstrafe
(er habe versucht,
die Landesregierung zu nötigen).

2
Die Startbahn West ist gesichert,
die Bürgerinitiative zerschlagen
(der Verurteilte sei rechtsblind,
überheblich und unbelehrbar).

3
Die Richter am Oberlandesgericht
waschen ihre Hände in Unschuld
(Gewalt nehme auch in Kauf,
wer friedlich demonstriert).

4
Aber wer sich keinen Rat weiß
und gedemütigt wird,
geschlagen und verurteilt,
ist in Kauf genommen.

5
Was aber wollen wir und wozu,
und wozu werden wir
genötigt durch die
Gewalt der Gewaltsamen.

Nach dem Traum

Es kann vorkommen,
daß du am Morgen hochfährst,
die Tür knallt gegen die Wand,
und es ist nicht das
schwerbewaffnete Rollkommando
aus deinem Traum,
sondern deine kleine Tochter.
Sie zieht dich an den Haaren,
nimmt die Bettdecke weg
und wirft die
Armbanduhr vom Nachttisch.
Und du stehst freudig auf,
beim Teekochen
pfeifst du vor dich hin,
weil der Tag
so gut begonnen hat,
so könnte es weitergehen.

ZUKUNFTSPLANUNG

Ohne Kernenergie
gehen die Lichter aus,
und mit Kernenergie
gehen die Lichter aus.
Aber noch planen wir.

Die Entwicklung
einer Infrarotzielvorrichtung
kostet Milliarden,
ein Phantomjäger
zehn Millionen.

Jetzt zählen wir
auf jeden Kopf
eine Kugel,
auf jeden Körper
eine Granate.

Genug Energie,
um jeden
zufrieden zu stellen.

Strafbar

»Mit den Köpfen zusammenschlagen«,
sagt ein Passant,
»bis die ruhig sind.«
Aber der Demonstrationszug
ist fast einen Kilometer lang,
so viele Köpfe,
so viele Kehlen:
»Schluß mit der Wohnraumzerstörung!«

Der erste Protest
vor drei Jahren
verlief im Sande,
wie alle Proteste hier.
Die Hausbesetzer wurden verurteilt,
der Abriß des Viertels
erfolgt unter Polizeischutz.
Jetzt blüht uns
ein neues Kaufhaus (das vierte).

Ist das die neue
Lebensqualität?
Womöglich Demokratischer Sozialismus?
Und warum machte ich mich strafbar
mit dem Satz:
»Haut dem Oetker auf die Pfoten,
Häuserabriß ist verboten«,
stünde er nicht in einem Gedicht?

BÜRGERRECHTSMELDUNG

Auf dem Platz der Freiheit
in Bonn
soll von Sicherheitsbeamten
ein Mann verhaftet worden sein,
dem Vernehmen nach ein Terrorist
(erkenntlich an langen Haaren, Bart,
zerlumpter Kleidung, stechendem Blick …),
weil er Flugblätter verteilte,
in denen habe gestanden:
»Friede auf Erden
und den Menschen ein Wohlgefallen!«
Und darunter nichts als
die zehn Gebote
(es könnten auch die Grundrechte gewesen sein).
Zu erfahren war,
der Vorfall habe sich bereits
am Heiligen Abend ereignet.
Beinahe auf der Flucht erschossen,
sei der Mann,
mit Namen angeblich Jesus von Nazareth,
wegen Landfriedensbruch festgenommen
und in eine Irrenanstalt eingeliefert worden,
wo er sich seither fühle
wie im Siebenten Himmel.

Tagesschautendenzen

Ein seriös wirkender Sprecher,
nach der neuesten Mode gekleidet
und frisiert,
berichtet in der ZDF-Tagesschau,
daß der Außenminister jemanden
zu einem Mittagessen eingeladen hat,
Präsident Carter
zugunsten seines Amtes vorläufig
sein Erdnußunternehmen aufgebe,
eine dreiköpfige Familie per Segelboot
aus der DDR geflüchtet ist,
in Rußland und Polen Teuerungen
das Volk auf die Straße trieben,
ein Erdbeben in China
die Fragwürdigkeit des Systems beweise
und in Rumänien
jetzt private Handwerker
Wasserleitungen reparieren,
weil die staatlichen Unternehmen
versagten.

Nachdem wir vorher einen Film
über den Kurier des Zaren
gesehen haben,
erhebt sich die Forderung
nach der Wiedereinführung
von Monarchie und Leibeigenschaft.
In diesem Bewußtsein
gehen wir zu Bett.

ZENSUR

Was gestern war ist vergessen.
Es gibt wieder verbotene Bücher,
Sondereinheiten,
übergesetzlichen Notstand, Antiterrorgesetze,
Bespitzelung, Isolationshaft,
Zellen, in denen alle fünf Minuten das Licht angeht,
Todesschützen.

Der Schauspieler Heinz Rühmann
(der schon vor 1945 immer sich selbst spielte)
und Bundesinnenminister Werner Maihofer
(der gerade die Verfassung gebrochen hat)
erhalten das Große Bundesverdienstkreuz
mit Stern und Schulterband.

Die es anging
haben nur dazugelernt wie man
sich besser verstellt,
sie haben den Erziehungsauftrag erfüllt
und sich saniert,
Präsidenten, Direktoren, Professoren,
betuchte Pensionäre bei Bier und Marschmusik,
es darf auch Wein und Mozart sein.

Experten schätzen,
daß der LEOPARD 2
den modernen sowjetischen Panzer T 72
noch auf eine Entfernung
von 4000 Metern vernichten kann,
die Panzergrenadiere
veranstalten eine symbolische Judenverbrennung;
die WELT berichtet,
daß durch einen Produktionsauftrag
von 1800 neuen Kampfpanzern

20 000 Arbeitsplätze erhalten werden.
Jetzt wird auch dem Chefredakteur der Bildzeitung
das Bundesverdienstkreuz verliehen.

In der ZEIT lese ich:
»Von dichtenden Verschwörungsneurotikern«
(gemeint ist der Schriftsteller Erich Fried),
in Leserbriefen heißt es:
»Rübe ab« oder »einfach an die Wand stellen«,
ein Professor wird suspendiert,
Lehrer werden nicht eingestellt,
Böll und Sartre
werden Wegbereiter des Terrorismus genannt.

Ein Rundfunkredakteur
(Großverdiener mit hervorragender Alterssicherung)
schickt mir ein Manuskript zurück
und bedauert,
sich meiner Ansicht nicht anschließen zu können,
wonach es in der Bundesrepublik
eine gefährliche Rechtsentwicklung gibt.

Ich bin numeriert,
ich kann durchsucht werden,
beschlagnahmt und verhaftet,
vielleicht tritt mir jemand die Tür ein oder
beantragt meine Isolation.
Ich lebe in dem freiheitlichsten Staat,
den es je gab.

V Vom langen Warten auf den neuen Tag

Gedichte

Was aber finden wir vor,
verurteilt und fremd,
und wonach suchen wir,
trauernd,
in unseren Hoffnungsgedichten,
den empfindsamen Spielen,
Ablichtungen.

So mauern wir Bunker,
zu überleben,
und schreiben uns
frierend
über den Winter.

Gedichte
wie Leuchtfeuer an Land,
wie Botschaften einer anderen Kultur,
Pflugschar,
brechend den Boden,
Gedichte wie Furchen,
in denen Saat aufgeht.

VISIONÄRE VERSION

Raumschiffe werden fahren
durch galaktische Weiten
bis hin zu den fernen Ufern,
dem neuen Amerika
in zweihundert Jahren.
Und noch immer wird siegen,
wer am meisten betrügt
und die besten Waffen hat;
wer in sich geht,
ist verloren.

Ein neuer Buffalo Bill wird kommen
ein neuer Jules Verne
und ein neuer Karl Marx (auch ihn
wird man nicht lieben).
Die Eingeborenen
werden zur Ruhe gebracht,
sie sind immer
unzivilisiert
im Verhältnis zum Konquistador
Krankheitserreger,
womöglich für Sozialismus.

Ein paar werden Herrscher sein,
ein paar profitieren,
ein paar exekutiert werden.
Raumflugzeuge werden reisen
wie früher Segelschiffe,
der Ost-West-Konflikt
wird den Kosmos erobern.

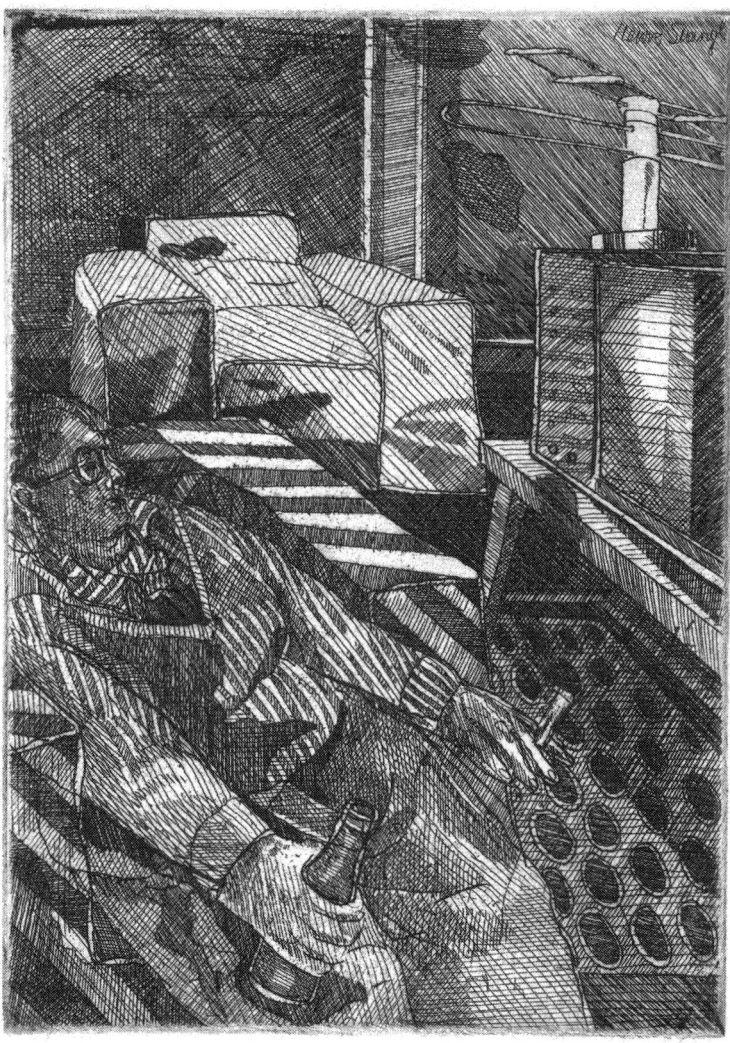

Vom langen Warten auf den neuen Tag

Ein Platz ist noch frei
im Kino deines Lebens,
du nimmst ihn eines Tages ein
und siehst
diesen billigen Problemfilm.
Der Hauptdarsteller
in deinem Alter
kommt dir bekannt vor,
die albernen Familienszenen auch,
ein Kegelabend,
eine Geburtstagsfeier.
Es folgen Achtstundentage,
Einkaufssonnabende,
ein Autounfall.
Dann diese Liebesspiele
(manchmal war es auch schön)
und der Ärger mit den Schwiegereltern.
Druck im Magen,
ein lauter Strand,
ein Todesfall,
noch läuft der Film.
Niemand weiß jetzt
wie es weitergeht,
du am allerwenigsten,
denn dafür wirst du nicht bezahlt.
Aber zu Hause schaltest du
den Farbfernseher ein,
holst das Bier aus dem Kühlschrank,
lehnst dich zurück und denkst nach.
Was bleibt,
ist ein Kehrblech voller Scherben,
die müssen weg.
Du denkst:
In afrikanischen Wüstenstädten

soll es Kirchen geben,
groß wie der Kölner Dom
(das hast du in Farbe gesehen),
die sollen ganz aus Lehm sein.
Das will dir nicht mehr aus dem Kopf.
Da stehst du vor dem Haus,
es erscheint dir brüchig,
und aus den Mülltonnen
kriecht ein neuer Tag.
Sei doch ehrlich,
du hast auf ihn gewartet.

ZWISCHENTÖNE

Als sei alles beliebig,
Worte, Gesten, das Wetter,
was wir tun
und sogar die Liebe.
Was hat uns gegründet,
was entäußert?
Warum ziehen wir
nach Süden,
nach Norden?
Warum handeln wir
so und nicht anders?
Das Herz pumpt,
die Lunge atmet
und der Magen verdaut.
Wir denken,
ein Programm im Gehirn,
das sich nicht ändern will.
Manchmal träume ich,
fliegen zu können.

RÄTSELHAFT

Sonne vergilbt die Buchrücken,
und in der Jalousie
klemmt eine viel zu grelle Sirene:
Der Notarztwagen kommt,
jemand ist gestorben.

Kein Klima zum Arbeiten.
Das Rätsel läßt sich
sowieso nicht lösen,
aber aufgeben ist nicht erlaubt.

Made in Germany

Weit sind wir nicht gekommen,
wohin wir auch gehen,
Grenzen,
Soldaten und Polizisten,
Kontrolleure.

Heute kam ich aus Mexiko zurück,
wo es so schludrig zugehen soll
und ich nur freundliche Menschen traf,
da könnte ich leben,
denke ich fröstelnd,
während sich der Zoll
den Inhalt eines Schnellhefters vornimmt
und mein Protest
den Amtseifer beflügelt.

Auf dem Frankfurter Hauptbahnhof
funktioniert keines der Telefone,
bis mein Kleingeld weg ist
und du immer noch wartest;
aber der Bundesbahnkundendienst
weigert sich
die Beschwerde entgegenzunehmen
und der Auskunftsbeamte
nennt mir einen falschen Zug.

Dann, ich glaube in Marburg,
die zwei Militärpolizisten
wie aufgezogen
mit weißen Gürteln,
weißen Pistolentaschen,
weißen Gummiknüppeln,
weißen Mützen,
weißen Handschuhen:

»Eh, wo hat man euch denn losgelassen?!
Wollt ihr zum Fasching?!«
Sie versuchen im Laufschritt
den fahrenden Zug zu erreichen,
und einer zieht die Pistole.

Und Krieg ist angeblich verboten

Die neuen Betstätten
neben der bröckelnden Gotik:
Warenhäuser, Banken, Versicherungen,
Bürohochhäuser
(Parken auf eigene Gefahr),
ihre Wahrzeichen überragen
den Wochenalltag,
früh fahre ich zur Arbeit,
abends kehre ich heim,
aber wo ist das?

Die neuen Gebirge,
Geschäftsberge, Wohnanlagen, Menschensilos,
zum Himmel wachsende Türme,
da läßt es sich auch leben,
versichert
(aber auf eigene Gefahr)
mit Bildern und Meinungen,
mit Abstaubern und Leidtragenden,
wir richten uns ein.

So gut ging es uns nie:
»Ich habe ein Auto, Kühlschrank, Waschmaschine,
Geschirrspüler, Farbfernsehen und Müllschlucker!
Was also wollen Sie?«
Ich habe kalifornisches Gemüse,
Obst aus Sizilien, Einwegflaschen,
Schnaps, echten Lachs und Plastikbeutel!
Was also wollen Sie?
Manchmal habe ich sogar eigene Gedanken.

Jetzt habe ich Arbeit,
Kinder soll es auch wieder geben,
die abgerissenen Fachwerkhäuser

werden rekonstruiert
und Krieg ist angeblich verboten.
So leben wir bestens.
Die neuen Waschmittel, die neuen
Reinweicher und Saubermacher,
sie sind besonders bioaktiv,
die neuen Felsen,
auf denen sich bauen läßt,
sie sind aus Schaumstoff gespritzt.
Wir meißeln unsere Mitteilungen hinein.

Bis wir nicht mehr warten

Knapp sind die guten Worte geworden
in den großen Städten,
es wird viel gegessen,
getrunken und gehurt,
auf den Plakaten
posieren feiste Politiker und
nackte Mädchen.

Das Schreiben ist jetzt
wie Knistern von Papier
vor dem Wegwerfen;
und das Reden überflüssig,
Glockenläuten im Sturm
und die Glocken zerspringen vor Kälte.

Wir warten
ein ganzes Leben lang,
während wir hoffen,
es möge so und so sein,
auf jeden Fall besser.
Bis wir erkennen,
wieviele wir sind,
die warten voller Hoffnung
und Liebe.

Inhaltsverzeichnis

I Als der Krieg zu Ende war
  Nach dem Krieg · 9
  Im Lager · 11
  Kriegsspiel · 15
  Katzeneier · 16
  Panzerketten noch immer · 17
  Falläpfel · 18
  Liebesgaben · 19
  Betteln verboten · 20

II Da ging es uns besser
  Wo alles beim alten blieb · 23
  Beginn einer neuen Epoche · 24
  Lohn und Arbeit · 25
  Ratenzahlung · 26
  Da ging es uns besser · 29
  Erinnerung · 31
  Ausbau eines Weges · 32
  Am Meer · 33

III Bewältigen
  Entwicklung · 37
  Kollektivschuld · 38
  Befreiung · 40
  Bewältigen · 41
  Spiele · 42
  Manöverfrühling · 45
  Nach dem Manöver · 46
  Vergleichsweise · 47
  Pauschalreise · 48
  Letzte Erfolgsmeldungen · 49
  Wie zur Versöhnung · 50

IV GRENZVERLAUF
   Grenzverlauf · 55
   Meine Freiheit zu protestieren · 56
   Landfrieden · 59
   Nach dem Traum · 60
   Zukunftsplanung · 63
   Strafbar · 64
   Bürgerrechtsmeldung · 67
   Tagesschautendenzen · 68
   Zensur · 69

V VOM LANGEN WARTEN AUF DEN NEUEN TAG
   Gedichte · 73
   Visionäre Version · 74
   Vom langen Warten auf den neuen Tag · 77
   Zwischentöne · 79
   Rätselhaft · 80
   Made in Germany · 83
   Und Krieg ist angeblich verboten · 85
   Bis wir nicht mehr warten · 87

Wolfgang Bittner:
Niemandsland
Roman
196 S.; Br.;
ISBN 3-935284-90-x

*Der Roman erschien
erstmals 1992 im
Forum Verlag Leipzig*

Ein Buch über das Gefühl der Heimatlosigkeit in Deutschland – Nachdenken darüber, wie wir heute leben, wie wir dahin gekommen sind, was unser latentes Unwohlsein ausmacht und die zeitweisen Glücksmomente in Frage stellt. Der Ich-Erzähler gerät in eine Sinnkrise, aus der er sich durch das Erfassen seiner eigenen Geschichte zu befreien versucht.

»Bittner hat sich den Blick des Zugereisten, des Außenstehenden, auf gesellschaftliche und politische Verhältnisse bewahrt, sein Buch ist als Kommentar zur Geschichte der alten Bundesrepublik aufzufassen, vielleicht sogar als literarischer Schlußpunkt.«
die tageszeitung

www.allitera.de